JN339330

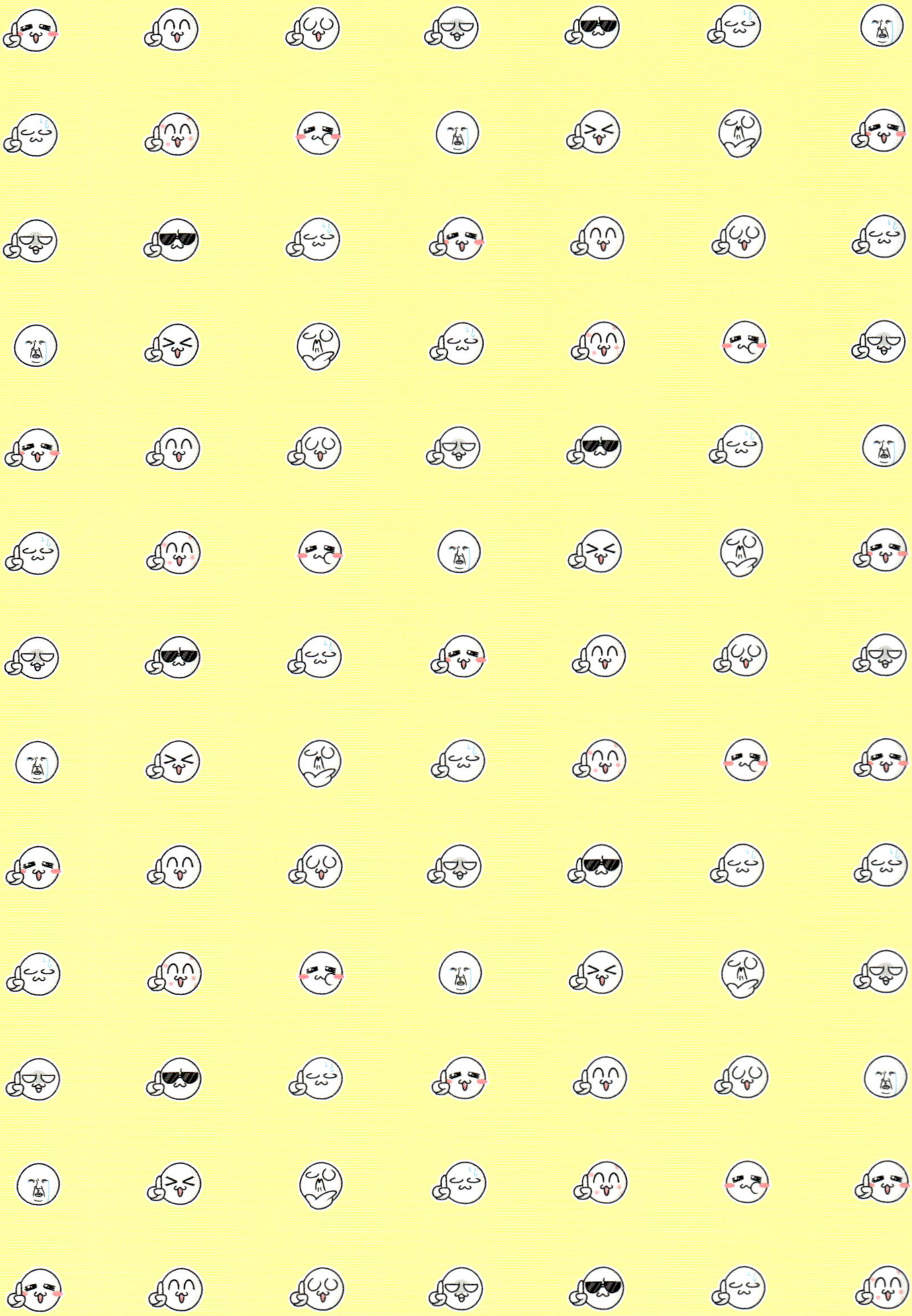

원작 **소맥거핀**

전 세계적으로 큰 사랑을 받는 글로벌 애니메이션 크리에이터. 말랑하고 귀여운 캐릭터로 소맥이와 식구들의 즐거운 일상을 그려 큰 공감을 얻고 있다. 특유의 개그감과 상상력으로 툭 시리즈, 패러디 시리즈 등 다양한 콘텐츠로 웃음을 전하고 있다.

글 **지유리**

성균관대학교에서 아동학을 전공한 뒤, 출판사에서 어린이를 위한 책을 기획·편집했다. 독자가 책에 흥미를 느끼게끔 재미난 글을 쓰려고 노력 중이며, 지은 책으로 〈간니닌니 마법의 도서관〉, 〈백앤아〉 시리즈가 있다.

그림 **배유정**

홍익대학교에서 애니메이션을 전공한 뒤, 캐릭터와 애니메이션 분야에서 창작 활동을 하고 있다. 〈소맥거핀 특사전〉으로 만화 작가로서 첫발을 내딛게 되었다. 소맥거핀 식구들의 일상을 재미있게 표현하기 위해 정성을 기울이고 있다.

감수 **박한나**

2009년 진주교육대학교를 졸업한 뒤, 수·과융합영재교육원, 수학영재교육원 등에서 강사로 활동했다. 현재 초등학교에서 어린이들을 가르치며, 꿈을 가진 어린이들의 도전을 함께 하고 있다.

등장인물 · 6
교과 연계표 · 8

아빠 때문에 집이 무너져 · 10

엄마 근육의 비밀 · 14

 뇌가 팡! 특급 놀이터
다른 그림 찾기 · 18

여기가 어디야? · 20

누나 톡
누나가 좋아하는 천 원 숍 · 24

 뇌가 팡! 특급 놀이터
길 찾기 미로 게임 · 28
누나의 지갑 사정 · 29

할머니 톡
할머니에게 가장 중요한 것 · 30

귀시니 톡
밤마다 혼자 돌아가는 세탁기 · 34

 뇌가 팡! 특급 놀이터
할머니가 차려 주신 밥상 · 38

고양이 톡
쭉쭉 끝없이 늘어나는 고양이 · 40

소맥이 톡
날씨의 저주 · 44

 소맥 실험실
날씨에 따라 달라져! · 48

아빠 톡
리모컨은 어디에? · 50

 소맥 실험실
리모컨의 적외선, 눈으로 확인하기 · 53

바선생 톡
소맥이 1등하다?! · 54

뇌가 팡! 특급 놀이터
숨겨진 물건을 찾아라! · 58

누나 톡
누나는 엄마를 닮아서 진짜 세! · 60

엄마 톡
엄마한테 편식하는 걸 들키면? · 64

소맥 실험실
맛을 느껴 보자! · 68

  소맥이 툭
모기의 습격 · 70

 고양이 툭
고양이의 은밀한 사생활 · 74

🌟 뇌가 팡! 특급 놀이터
  선 따라 그리기 · 78
  고양이가 숨기고 있는 숫자는? · 79

 다육이 툭
다육이와의 첫 만남 · 80

 누나 툭
누나와 수영장에 가면··· · 84

🌟 뇌가 팡! 특급 놀이터
  같은 모습 짝짓기 · 88
  소맥이네 즐거운 물놀이 · 89

 아빠 툭
아빠는 연날리기 고수 · 90

 할머니 툭
할머니의 봄은 너무 바빠! · 94

🌟 뇌가 팡! 특급 놀이터
  누구의 연일까? · 98
  할머니네 창고 스도쿠 · 99

 소맥이 툭
숫자 4는 왠지 께름칙해! · 100

 귀시니 툭
머리카락 싸움 · 104

🔵 소맥 실험실
  소맥이네 힘겨루기 · 108

 누나 툭
누나와 나는 어떤 사이? · 110

 엄마 툭
절약하지 않는 자의 최후 · 114

🌟 뇌가 팡! 특급 놀이터
  소맥이 툭사전 십자말풀이 · 118

 바선생 툭
부스러기는 바선생의 몫 · 120

 다육이 툭
다육이의 고향 · 124

 소맥이 툭
소맥이가 두 명이다?! · 128

정답 · 132

등장인물

소맥이 특
소맥이네 최약체
주인공이지만, 서열은 꼴찌
말랑말랑과 포동포동 그 어디쯤
참신한 호기심과 기발한 관찰력

누나 특
소맥이 폰에 '형'으로 저장
소맥이 괴롭히기 독점권 소유
스트레스는 탕진잼으로 해결
뛰어난 싸움 실력

엄마 특
소맥이네 서열 1위
지구도 구하는 최강 전투력
무시무시한 근육의 소유자
얼굴 절대 비공개

아빠 특
귀여운 외모에 그렇지 못한 거친 행동
리모컨, 절대 지켜!
엄마 바라기 1
나름 취미 고수?

소맥거핀 가족의 일상 속에서 만나는 특급 교과 지식

키워드	학년	과목	주제
흔적	1학년 1학기	통합	탐험
	2학년 1학기	통합	세계
햇빛	5학년 2학기	과학	생물과 환경
	5학년	실과	동식물과 함께하는 나의 생활
	6학년 1학기	과학	식물의 구조와 기능
수영	2학년 2학기	통합	계절
	3학년	체육	안전
연날리기	2학년 2학기	통합	계절
	5학년 2학기	사회	옛사람들의 삶과 문화
봄	2학년 1학기	통합	자연
	2학년 2학기	통합	계절
	3학년 1학기	과학	식물의 생활
미신	6학년 2학기	사회	세계 여러 나라의 자연과 문화
머리카락	2학년 1학기	통합	나
	6학년 2학기	과학	우리 몸의 구조와 기능
가족	6학년	실과	나와 가족
절약	4학년 1학기	과학	물의 상태 변화
몫	3학년 1학기	수학	분수와 소수
사막	3학년 1학기	과학	동물의 생활
	5학년 2학기	과학	날씨와 우리 생활
복제	6학년	실과	발명과 로봇

아빠 때문에 집이 무너져

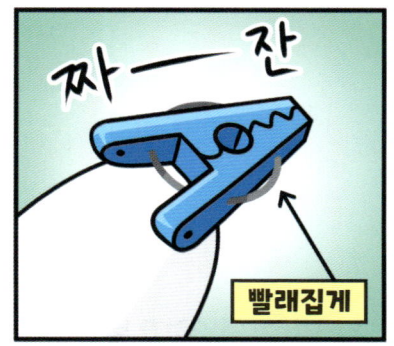
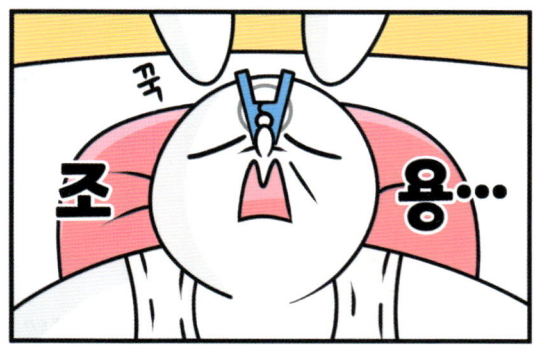

코골이
자면서 코를 고는 일.

코골이가 코에서 나는 소리가 아니라고?

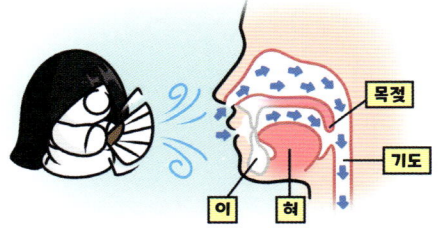

기도는 공기가 폐로 지나가는 길이다. 목젖, 혀, 근육 등이 기도를 막으면, 기도가 좁아져서 숨 쉴 때 떨림이 발생한다. 이렇게 목 부분이 떨려서 나는 소리가 바로 코 고는 소리다. 그러니까 정확히 말하면, 코에서 나는 소리는 아닌 것이다.

아빠 코골이 멈추기 대작전

목구멍에 찐 살 빼기

입 꾹~ 다물고 자기

콧속을 촉촉하게~ 만들기

소맥의 한마디

코골이란?
옆에 있으면 잠을 잘 수 없는 것!

코와 관련된 말말말…

아래 표현을 기억해 두었다가 활용해 보세요.

시험이 바로 코앞이야!

아주 가까운 곳 또는 다가오는 미래란 뜻.

코 묻은 돈을 뺏냐?

어린아이가 가진 적은 돈이란 뜻.

 같은 색깔 선을 따라 알맞은 뜻을 찾아가면, 특별 어휘 득템!

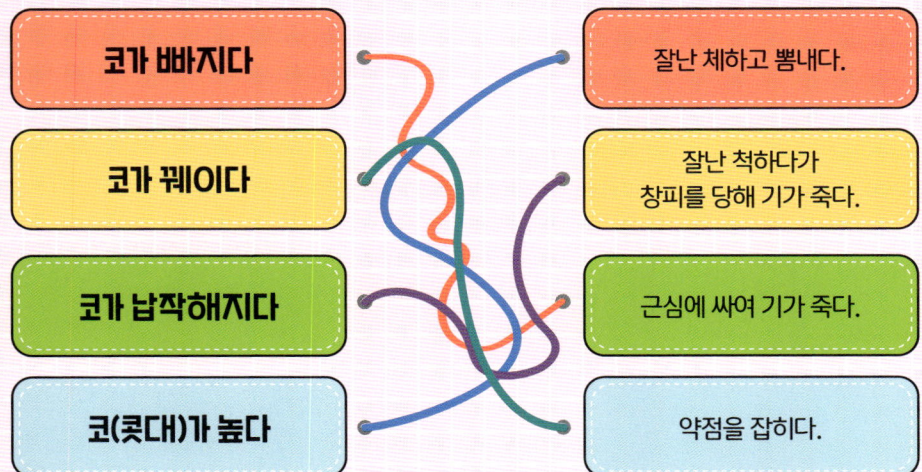

코가 빠지다

코가 꿰이다

코가 납작해지다

코(콧대)가 높다

잘난 체하고 뽐내다.

잘난 척하다가 창피를 당해 기가 죽다.

근심에 싸여 기가 죽다.

약점을 잡히다.

 엄마 톡

엄마 근육의 비밀

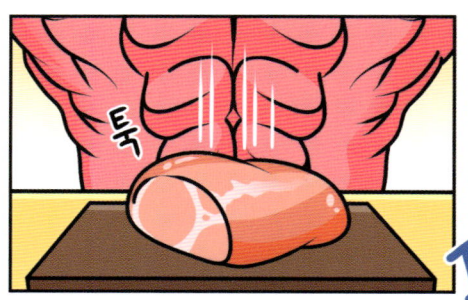

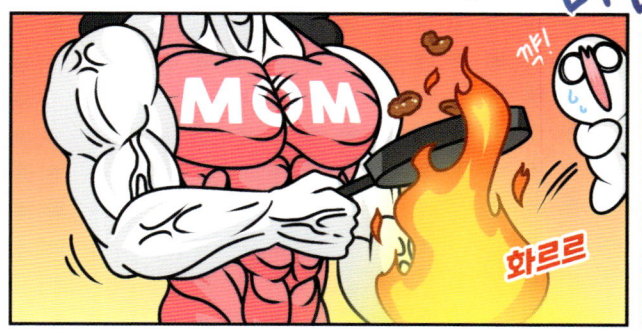

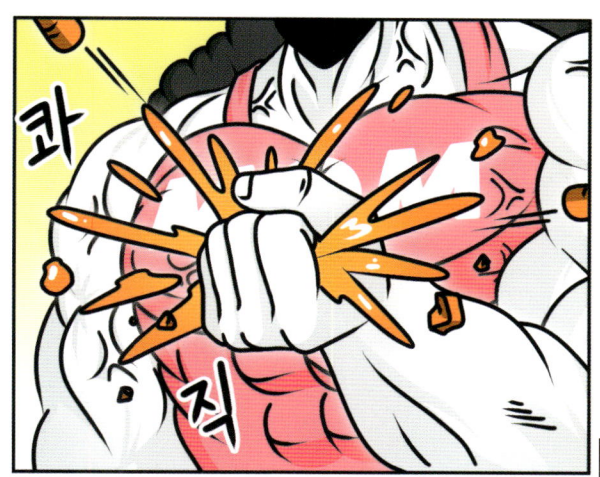

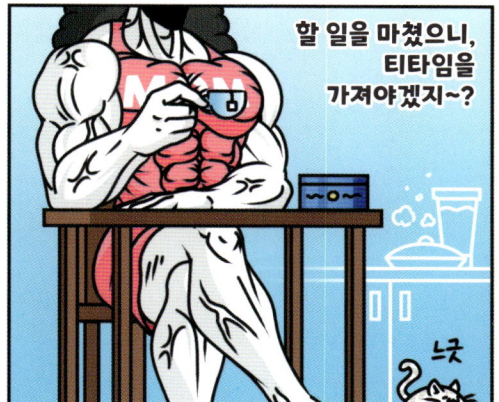

 **소맥 특 사전**

근육

뼈를 둘러싼 힘줄과 살을 통틀어 이르는 것.

 혀는 근육일까?

혀도 근육이다! 그것도 아주 부지런히 일하는 근육 기관이다. 맛보는 일뿐만 아니라, 음식물을 이동시키는 일도 하고, 소리도 만든다.
그뿐만 아니다. 우리가 잘 때도 열심히 일을 한다. 침을 뒤로 밀어서 목구멍으로 넘기고 있다는 사실!
혀 말고도 우리 얼굴에는 근육이 수십 개나 있다. 이 근육들이 움직이면서 온갖 표정을 만든다.

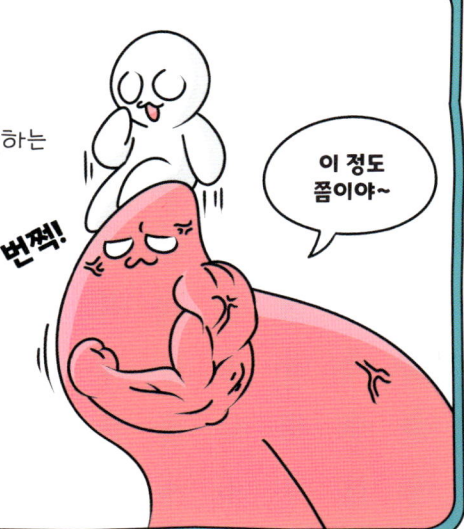

이 정도쯤이야~

어린이도 근육통이 있다, 성장통!

한창 자랄 때는 근육이 이유 없이 아플 수 있다. 그런 것을 '성장통'이라고 부른다. 밤에 자다가 다리가 저리고 쑤신다면, 밤에도 우리 몸이 열심히 자라고 있다는 증거! 물론 모든 어린이가 성장통을 겪는 것은 아니다.

소맥의 한마디

근육이란?
바로 엄마!

 뇌에 착! 특급 정보

우리 몸에 꼭 필요한 근육

우리 몸에서 큰 비중을 차지하는 근육! 대표적인 근육은 무엇이고 또 어떤 일을 하는지 함께 알아볼까요?

안 움직이면 큰일 나는 심장근
밤낮으로 쉴 새 없이 움직이며, 심장을 뛰게 해요.

제대로근
알아서 움직이는 근육. 소화 기관과 혈관 등 대부분의 내장 근육이 여기 속해요.

맘대로근
마음대로 움직이는 근육. 뼈에 붙어 있어서 움직임이나 몸의 모양을 만들어요.

표정 짓기도 근육이 하는 일
눈꺼풀을 깜빡이거나 콧구멍을 넓히는 등 표정 짓는 일도 해요.

우리 몸에서 가장 큰 근육, 큰볼기근
엉덩이를 움직이고 몸을 똑바로 세울 때 써요. 주사 맞는 부위예요.

마음대로 조절해서 다행이야~
항문을 조이는 항문 조임근은 우리 마음대로 조절할 수 있어요.

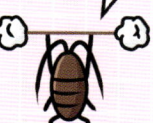

우리 몸에 근육이 없는 부위도 있죠. 특히 뇌에는 근육이 없습니다.

다른 그림 찾기

아빠의 코골이 때문에 결국 집이 무너져 버렸어요. 이 순간을 놓치지 않고 누군가 단체 사진을 찰칵찰칵 찍었어요. 그런데 그 짧은 순간에, 달라진 부분이 5군데 있어요. 어디가 달라졌을까요?

🌸 정답은 132쪽에

여기가 어디야?

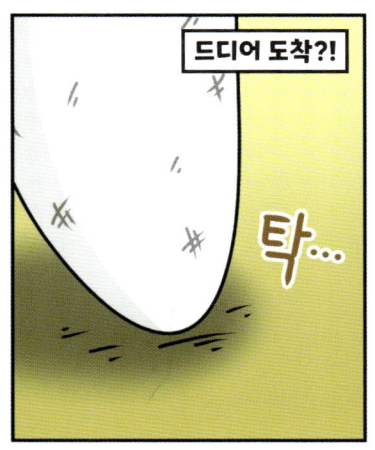

지도

이 세상을 일정한 비율로 줄여서 약속된 기호로 나타낸 그림. 주로 길 찾을 때 씀.

옛날에는 별을 보고 길을 찾았다고?

별들은 동쪽에서 떠서 서쪽으로 지고, 계절마다 자리가 변한다. 하지만 자리가 거의 변하지 않는 별이 있다. 언제나 북쪽 하늘에 떠 있는 북극성! 그래서 옛날 사람들은 방향을 알 수 없는 어두운 밤이나 사막 같은 곳에서 북극성을 기준으로 길을 찾았다.

저쪽이 우리 집이 있는 북쪽이구나~

북극성 찾는 법

반대편에 W 모양의 카시오페이아자리가 있으면 틀림없대.

먼저 국자 모양의 북두칠성을 찾아!

북두칠성 국자 끝에 있는 두 별 사이 거리의 5배 정도 더 가면 북극성이야!

소맥의 한마디

지도란?

길을 알려 주지만, 길 찾기는 따라가는 사람 나름!

나침반 만들기

준비물 : 그릇, 물, 스티로폼, 자석, 셀로판테이프

1. 셀로판테이프를 이용해 자석을 스티로폼 위에 붙여요.
   - 스티로폼 대신 플라스틱 접시도 괜찮습니다.

2. 그릇에 물을 담고 자석 붙인 스티로폼을 띄워요.
   - 자석이 물 위에 둥둥 떠 있으면 됩니다.

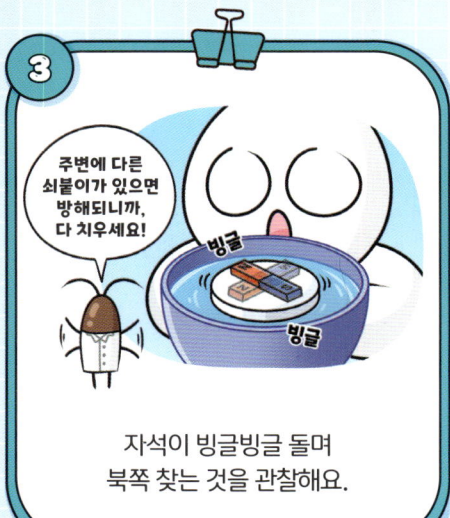

3. 자석이 빙글빙글 돌며 북쪽 찾는 것을 관찰해요.
   - 주변에 다른 쇠붙이가 있으면 방해되니까, 다 치우세요!

4. 멈춘 자석의 빨간 N극이 가리키는 방향이 북쪽!
   - 나침반 방향과 일치합니다. 실험 성공!

누나가 좋아하는 천 원 숍

  **돈**
사물의 가치를 나타내며, 물건을 사거나 재산을 모을 때 씀.

우리나라 지폐는 종이가 아니다!

한국 조폐 공사에서는 우리나라 돈을 찍어 내는 용지를 직접 만든다. 이것은 종이처럼 보이지만 사실 면섬유로, 옷을 만드는 천과 같다고 볼 수 있다. 면섬유로 만드는 이유는 인쇄가 잘되고 찢어지거나 변형되는 일이 적어, 오래오래 사용할 수 있기 때문이다. 실제로 세탁기에 돈을 넣고 돌렸는데 찢어지지 않고 젖기만 했다는 이야기도 들린다. 하지만 그렇다고 일부러 돈을 찢거나 세탁기에 넣어서는 절대 안 된다!

 폐기된 화폐를 쌓으면 에베레스트산의 23배

찢어지거나 더러워져서 폐기한 우리나라 화폐를 차곡차곡 쌓으면 20만 미터가 넘는다. 이것은 롯데월드타워의 367배, 세계 최고봉인 에베레스트산의 23배 정도다! (2024년 기준)

새 화폐 만드는 데 드는 비용은 연간 약 1,100억 원

1,100억 원 ÷ 치킨 1마리값 2만 원 = 치킨 550만 마리값!!!

오늘의 결론, 절대 돈을 훼손하지 말자!

소맥의 한마디

돈이란?
있는 줄 알았는데 없는 것.

우리나라 동전의 진실 또는 거짓

10원짜리 동전에는 금이 섞였다!

거짓

예전에는 구리와 아연을 섞어 만들었기 때문에, 금처럼 누런 색을 띠었어요. 그래서 생겨난 소문이에요.

100만 원이 넘는 500원짜리가 있다!

진실

1998년에는 500원짜리를 다른 해보다 훨씬 적게 만들었어요. 희소성 때문에 고가에 거래되는 중!

옛날에는 100원이 지폐였다!

진실

지금은 동전이지만, 1960년대만 해도 100원이 지폐였어요. 지금보다 100원으로 살 수 있는 게 많았지요.

5만 원짜리 동전이 있다!

진실

뜻깊은 행사를 기념해 발행하는 기념주화는 평소엔 못 쓰지만, 적힌 액수보다 소장 가치가 더 높아요.

 # 길 찾기 미로 게임

누나의 지갑 사정

누나가 천 원 숍에서 쓴 돈은 모두 얼마일까요? 빈칸에 알맞은 답을 써 보세요.

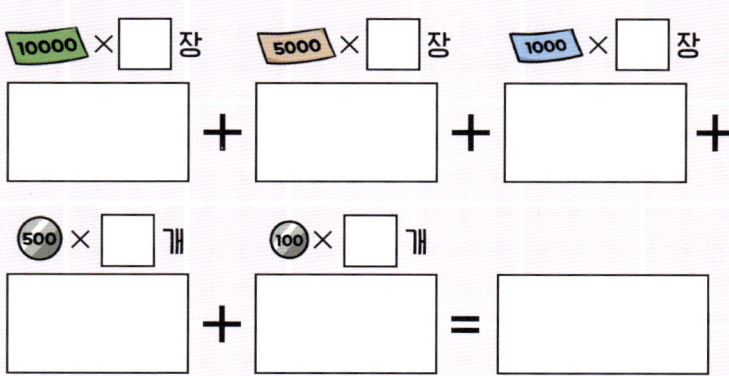

🌟 정답은 132쪽에

할머니에게 가장 중요한 것

밥

날마다 일정한 시간에 끼니로 먹는 음식.

밥을 계속 먹으면 배가 터질까?

아니다. 터질 일이 없도록 우리 몸이 신호를 보내 준다. 너무 많이 먹으면 위가 더 이상 먹지 말라고 신호를 보내는데, 그것이 바로 토하는 것! 음식이 우리 몸속에 들어가면, 일단 위에 저장되어 소화를 시작한다. 하지만 상한 음식을 먹거나 너무 많이 먹으면, 위는 소화의 어려움을 느끼고 음식물을 다시 밀어 낸다.
배가 터지지는 않지만 음식을 너무 많이 먹으면 배탈이 날 수 있으니 조심하자!

 ## 많이 먹으면 살찌는 이유

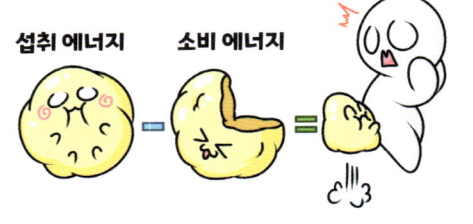

음식을 섭취하고 얻은 에너지에서 소비한 에너지를 빼고 남은 에너지 때문에 살이 찐다!

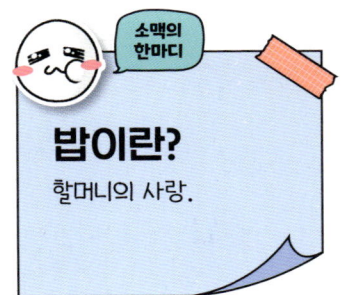

소맥의 한마디

밥이란?
할머니의 사랑.

밥에 관한 다양한 표현

우리말에는 인사말부터 혼내는 말까지, 밥을 활용한 표현이 많아요. 그림을 보고, 빈칸에 들어갈 알맞은 답을 보기에서 골라 보세요.

1

① 껌값 ② 밥값 ③ 물값

2

① 운동 ② 숙제 ③ 식사

3

① 밥 ② 빵 ③ 콩

4

① 꽃 ② 밥 ③ 옷

☆ 정답 1. ②밥값 2. ③식사 3. ①밥 4. ②밥

세탁기
빨랫감을 넣고 돌리면 깨끗해지는 기계.

옛날에는 오줌으로 빨래를 했다고?

비누가 발명되기 전에는, 나무 태운 재를 우려낸 잿물 또는 표백토라는 진흙을 섞은 오줌으로 빨래했다.
옷을 깨끗하게 만드는 데 왜 더러운 것들을 사용했을까?
그건 바로 잿물과 오줌에 있는 '알칼리 성분' 때문.
이 성분이 기름때를 녹여 옷을 깨끗하게 만든다.
고대 로마 황제 베스파시아누스가 공중화장실의 오줌을 퍼 가서 양털을 세탁하는 데 사용한 섬유업자들에게 '오줌세'를 징수한 이야기가 유명하다.

방망이로 빨래를?!

넓고 길쭉한 빨랫방망이로 빨래를 두드려 빨기도 한다. 우리나라의 전통적인 세탁 방법이기도 한데, 지금도 이렇게 빨래하는 집이 있다.

소맥의 한마디

세탁기란?
귀시니가 좋아하는 가전제품.

엄마한테 들키기 전에 얼룩 지우기

옷에 얼룩을 묻혔을 때, 빨리 지울 수 있는 방법은 무엇일까요?

 엄마에게 안 혼나는 세탁 비법

케첩이 묻었을 때 식초로 얼룩을 문지른 다음, 주방 세제로 한 번 더 문지른다!

볼펜이 묻었을 때 물파스나 벌레 물린 데 바르는 약으로 얼룩을 두드린다.

초콜릿이 묻었을 때 마요네즈를 조금 묻혀 문지르다가 얼룩이 지워지면 주방 세제로 빤다.

시간이 지날수록 얼룩을 지우기 어려워지니까, 서둘러!

할머니가 차려 주신 밥상

오늘 하루 동안 할머니가 소맥이네 식구들에게 차려 주신 맛있는 음식들이에요. 아래 밥상을 살펴보고 각 음식을 세서 아래 빈칸에 알맞은 숫자를 적어 보세요.

정답은 133쪽에

 고양이 툭

쭉쭉 끝없이 늘어나는 고양이

고양이

날카로운 이와 발톱을 지닌 고양잇과의 하나. 반려동물로 사랑받음.

 고양이 액체설은 진짜일까?!

고양이는 몸이 매우 유연하다. 그래서 물 흐르듯 움직인다고 '고양이 액체설'이라는 말이 생겼다.
(물론 진짜 액체라는 건 아니다!)
어떻게 가능한 것일까?

・**사람보다 많은 뼈 개수**
고양이 척추 개수는 52~53개로, 사람보다 20개나 더 많다. 그래서 아주 유연하게 움직인다.

・**자유롭게 움직이는 쇄골**
가슴 위 양쪽에 있는 뼈를 쇄골이라고 하는데, 사람 것은 고정되어 움직이지 않는다. 하지만 고양이 쇄골은 인대와 근육으로 연결되어 있어 부드럽게 잘 움직인다.

고양이 여신설은 진짜!

약 5천 년 전 고대 이집트에선 고양이가 음악과 풍요, 다산의 여신 바스테트로 숭배되었다. 고양이를 죽인 사람은 사형에 처했고, 기르던 고양이가 죽으면 미라로 만들어 주었다. 그리고 주인은 몹시 슬프다는 표시로 양쪽 눈썹을 모두 밀었다.

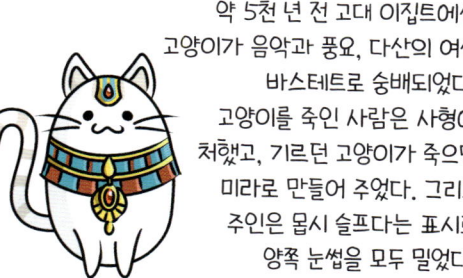

소맥의 한마디

고양이란?
마음을 도무지 알 수 없지만, 어쨌거나 너무 귀여운 존재.

고양이야, 도대체 왜 그러니?

고양이는 때때로 사람이 이해하기 어려운 행동을 해요.
알다가도 모를 고양이의 묘한 마음과 행동을 함께 알아보아요.

고양이는 귀가 어두워서 사람 말을 잘 못 듣는다. ❌

고양이는 포유류 중에서도 귀가 아주 밝은 편이에요. 귀를 180도 회전할 수도 있어서 소리 나는 곳을 정확히 찾아내죠. 그런데 왜 못 들은 척하냐고요? 그건 알 수 없는 고양이 마음~

고양이는 주로 사람에게 야옹거린다. ⭕

다 큰 고양이끼리 야옹거리는 일은 많지 않아요. 그리고 집고양이가 사람을 향해 더 많이 야옹거려요. '얘는 내가 말을 해야 알아!'라고 생각하는 걸까요?

야옹!

고양이는 편안할 때 식빵 굽는 자세를 한다. 🔺

보통 고양이가 편안하게 쉴 때 웅크리는 자세를 취해요. 하지만 추울 때나 어딘가 아플 때도 취하는 자세예요. 그러니 고양이가 식빵 굽는 자세를 하면 주의 깊게 살펴봐 주세요.

말랑말랑 발바닥을 만져 주면 좋아한다. ❌

고양이 발바닥에는 젤리처럼 말랑말랑한 부분이 있어요. 보들보들해서 만지고 싶게 생겼지만, 고양이의 앞발을 함부로 만지면 냥냥 펀치를 맞을 수도 있으니 조심!

냥냥 펀치!

날씨의 저주

소맥 특 사전

날씨
눈과 비, 구름, 바람, 덥고 추움 등 그날의 기상 상태.

실제로 물고기 비가 내린 적이 있다?!

'물고기 비'는 비에 물고기가 섞여 떨어지는 현상이다. 바다 위에서 강한 바람의 소용돌이인 용오름이 생길 때, 바닷물과 함께 물고기도 빨려 올라갔다가 육지 위에서 비와 함께 떨어지는 것! 인도, 멕시코, 호주 등에서도 물고기 비가 내린 적이 있고, 온두라스에는 자주 물고기 비가 내리는 지역이 있다고 한다. 우리나라 경주에서도 물고기 비가 내렸다는 기록이 <삼국사기>에 있다.

높은 하늘에 있으면 구름, 나를 둘러싸고 있으면 안개

안개와 구름은 부르는 이름이 다르지만, 사실 정체는 같다. 둘 다 수증기가 응결되어 공기 중에 떠 있는 작은 물방울들이다. 높은 하늘에 떠 있으면 구름이라 부르고, 지표면 근처에 떠 있으면 안개라고 한다.

 안개가 잔뜩 끼었네.

 산에 구름이 끼었네.

 소맥의 한마디

날씨란?
내 마음대로 되는 게 아닌, 하늘의 뜻!

날씨에 관한 재미있는 이야기

달무리가 생기면 비가 온다.

달 주변에 생기는 뿌연 달무리는 대기 중의 물방울 때문에 생기는 것이라서, 다음 날 비가 올 확률이 높아요. 하지만 겨울 달무리는 날이 추워진다는 신호예요.

눈 오는 날 이사하면 잘 산다.

우리나라는 눈 오는 날 이사하거나 결혼하면 잘 산다는 미신이 있어요. 예로부터 흰색을 행운의 색으로 여겨 흰 눈도 좋게 생각했어요.

거미가 거미줄을 치면 날씨가 좋다.

거미줄이 습도에 영향을 받기 때문에, 보통은 거미가 날씨 좋을 때 거미줄을 쳐요. 열심히 친 거미줄이 비 와서 망가지면 아까우니까요.

저녁노을이 붉으면 다음 날 날씨가 좋다.

노을이 붉은 것과 다음 날 날씨의 연관성에 대해선 과학자들끼리 의견이 달라요. 실제로 맑은 날이 되기도 하지만, 태풍의 영향으로 아닌 날도 있거든요.

날씨에 따라 달라져!

우리 눈에는 보이지 않지만, 공기 중에나 사물에는 '전자'라는 아주 작은 입자가 있다고 한다. 전자는 날씨에 따라 움직임이 다르다는데 '정전기'를 일으켜 확인해 보기로 했다.

비 올 때

풍선을 스웨터에 문지르면 정전기가 생긴대서 열심히 문질렀다! 하지만 비 맞은 귀시니 머리가 축축해서 그런지, 풍선이 머리카락을 별로 안 끌어당겼다. 아마도 습기 때문?

건조할 때

정전기가 더 잘 생기는 건조한 날에 다시 실험해 보았다. 그랬더니 머리카락이 엄청 많이 풍선 쪽으로 서거나 달라붙었다! 풍선을 움직이면, 움직이는 대로 머리카락이 따라온다. 정말 신기하다!

비 오는 날, 머리가 부스스해지는 이유는 공기 중에 많아진 수증기 때문이라는 것을 알게 되었다. 습도에 따른 머리카락의 길이 변화를 확인해 보았다.

비 올 때

나랑 아빠 머리카락은 너무 짧다. 그래서 누나한테 머리카락 한 가닥을 얻었다. 비 오는 날 머리가 부스스하다고 짜증이 잔뜩 난 상태라서, 한 가닥 얻기가 정말 힘들었다.

건조할 때

누나한테 얻은 머리카락을 잘 보관해 두었다가, 해가 쨍쨍하고 건조한 날에 다시 길이를 재 보았다.
습한 날은 40.8cm였는데, 건조한 날에는 40cm였다.
0.8cm나 줄어들었다!

리모컨은 어디에?

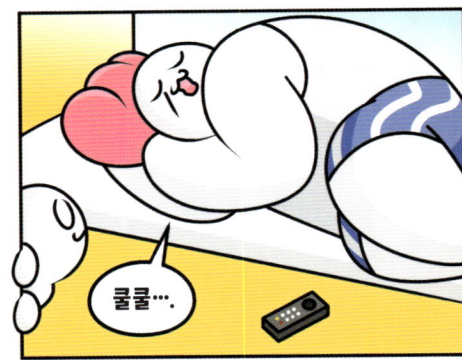

리모컨

어느 정도 떨어져 있는 기계를 작동시키는 장치.

 리모컨은 어떻게 채널을 바꾸는 걸까?

리모컨 버튼을 누르면 우리 눈에 보이지 않지만 적외선 신호가 나온다. 그 신호를 리모컨과 연결된 기계가 받아서 작동하는 원리! 리모컨의 적외선은 거의 직선으로 나가고, 너무 넓게는 퍼지지 못하며, 불투명한 벽은 통과하지 못한다. 그래서 조건이 맞지 않으면 작동하지 않는다.

최초의 TV 리모컨에는 선이 달렸다?

최초의 TV 리모컨은 1950년 제니스사에서 나온 '레이지 본스'였다. 버튼이 딱 두 개에 TV와 긴 선으로 연결되어 있었지만, 제법 비싼 값에도 꽤 잘 팔렸다. 소파에 앉아 TV 채널을 바꿀 수 있다는 게 너무 매력적이니까! 하지만 선이 불편하다는 불만 때문에 1955년경 무선 리모컨이 등장했다.

소맥의 한마디

리모컨이란?
매우 편리하지만, 아빠만 쓸 수 있는 것.

리모컨의 적외선, 눈으로 확인하기

1. 휴대폰 카메라를 켠다.

2. 휴대폰 카메라를 TV 리모컨의 맨 앞부분에 댄다.

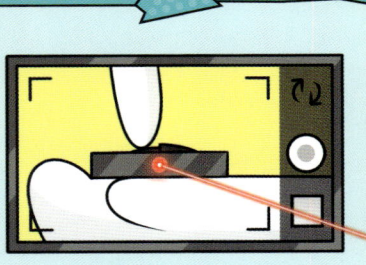

3. TV 리모컨의 아무 버튼이나 누른 채로 관찰한다.

주의! 일부 휴대폰 카메라 또는 대부분의 일반 카메라로는 관찰할 수 없어요. 색상이 달라지지 않도록 렌즈에 적외선 필터를 씌웠기 때문이지요.

저 부분이 적외선이 나오는 발광 다이오드, 줄여서 LED입니다.

씰룩 씰룩

소맥이 1등하다?!

소맥특사전

바퀴벌레

납작한 몸에 가늘고 긴 더듬이가 있는 바큇과 곤충.

세상에, 우주에 다녀온 바퀴벌레가 있다고?

2007년 러시아 과학자들은 다양한 곤충들을 특수한 용기에 담아 우주로 보냈다. 그중에는 '나데즈다'라고 이름 붙인 바퀴벌레도 있었다.
나데즈다는 무중력 상태에서 새끼를 가진 뒤, 지구로 돌아와 무사히 새끼 33마리를 낳았다!

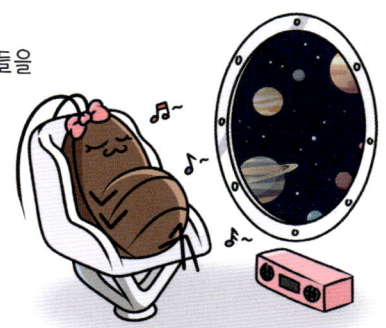

바퀴벌레의 한살이

알집에 담긴 바퀴벌레 알.

갓 태어났을 때는 아주 작고 하얗지만, 곧 색깔이 짙어진다.

탈피를 반복하며 성충이 된다.
번데기 과정이 없는 불완전 변태!

소맥의 한마디

바퀴벌레란?
생각보다 아주 많이 똑똑한 존재?!

바퀴벌레에 관한 이모저모

- 바퀴벌레는 전 세계에 4,600종 이상 서식한다.
- 바퀴벌레를 만지면 꼭 손을 닦아야 한다.
- 일부 바퀴벌레는 병균을 옮기는 해충이다.
- 잡식성이라 가리지 않고 먹는다.
- '바퀴벌레 같은 녀석'은 칭찬이 아니다.
- 습하고 따뜻한 곳을 좋아한다.
- 위험할 때 '푸슝!' 소리를 내는 종류도 있다.
- 바퀴벌레는 약 3억 2천만 년 전부터 지구에서 살았다.

바퀴벌레에 관한 사실 중에서 이미 알고 있었던 내용에 표시해 보세요. 바퀴벌레는 짧게 '바퀴'라고도 부른답니다.

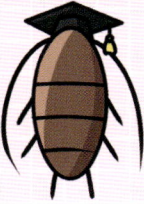

- 바퀴벌레를 먹거나 약으로 쓰는 나라도 있다.
- 무리를 이루며 산다.
- 바퀴벌레는 위험한 순간 매우 빠른 속도로 도망칠 수 있다.
- 남아메리카에는 날개가 유리처럼 투명하고 더듬이가 오렌지색인 애완용 바퀴가 있다.
- 바퀴벌레 몸은 딱딱하기보단 말랑말랑하다.
- 독일바퀴는 날개가 있지만 거의 날지 못한다.
- 종류에 따라 수십 개에서 수백 개의 알을 낳는다.
- 썩은 생선 냄새를 풍기는 바퀴도 있고, 풋사과 향기처럼 좋은 냄새가 나는 바퀴도 있다.

숨겨진 물건을 찾아라!

자석

아빠 리모컨

럭비공

빨래집게

근육 보충제

마우스

고양이 낚싯대

브로콜리

소맥이가 어질러진 집 안을 열심히 청소 중이에요. 여러분이 정리를 도와줄 수 있나요? 양쪽에 보이는 사물들이 어디 있는지 찾아 주세요.

- 엄마 머리핀
- 슬리퍼
- 삼각자
- 누나 컵
- 다육이 물뿌리개
- 축구공
- 소맥이 당근
- 빗

☆ 정답은 133쪽에

누나는 엄마를 닮아서 진짜 세!

유전

어떤 특징이 부모에게서 자식으로 전해지는 것.

 나는 누구를 닮았을까?

아빠를 더 닮은 사람도 있고 엄마를 더 닮은 사람도 있지만, 자녀는 대개 부모를 골고루 닮는다. 부모에게 유전자를 반반씩 물려받기 때문이다.
하지만 실제로는 부모가 지닌 신체적인 특징이 자녀에게 유전되면서 재조합된다. 그래서 어떤 부분은 아빠를 더 많이 닮고, 어떤 부분은 엄마를 더 많이 닮는 등 차이가 나게 된다. 또 어떤 환경에서 어떻게 성장하느냐에 따라서도 차이가 생긴다.

사람과 침팬지의 차이는 단 1%?!

사람과 침팬지 유전자를 단순 비교하면 DNA가 99% 일치한다는 연구가 있었다.
단 1%가 이렇게 큰 차이를 만드는 것!
(사람들끼리는 DNA가 99.9% 일치한다고 함.)

소맥의 한마디

유전이란?
닮고 싶은 부분만 닮을 수는 없는 것.

유전자? DNA? 도대체 그게 뭐야~?

뇌에 착! 특급 정보

모든 생명체는 아주 작은 세포들로 이루어져 있습니다.

고양이도!

세포 한가운데는 핵이 있습니다.

고양이 염색체는 38개!

핵에는 염색체가 들어 있습니다. 사람은 일반적으로 핵 하나에 염색체가 46개입니다.

DNA는 유전 정보가 담긴 유전자의 본체예요!

DNA 한 가닥에는 피부색, 키, 혈액형, 질병 등을 결정하는 유전자 정보가 다 들어 있어요. 책 수만 권쯤 되는 어마어마한 분량의 유전 정보가 모두 담겨 있대요.

염색체 안에는 길게 꼬여 있는 사다리 모양의 DNA가 있습니다!

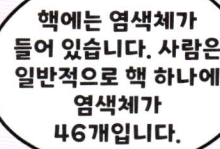
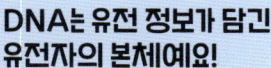
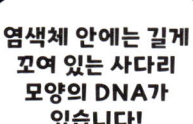

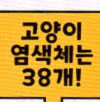

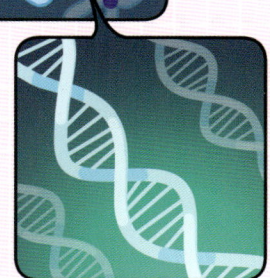

엄마한테 편식하는걸 들키면?

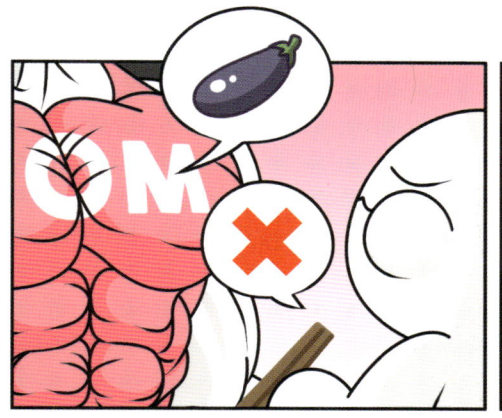

편식

특정 음식만 골라서 즐겨 먹는 것.

똑같은 감자인데, 왜 삶은 감자보다 감자튀김이 더 맛있을까?

조리 온도가 다르니까!
물에 삶으면, 최대 온도는 100도. 하지만 튀길 때 쓰는 기름은 끓는점이 200도를 넘긴다. 온도가 높으면 일어나는 화학 반응이 다르기 때문에, 감자의 맛과 향이 달라진다.

튀기면 다 맛있으니까!
'튀기면 구두도 맛있다.'는 말이 있을 정도. 튀김의 기름은 고소하고 느끼한 '지방맛'이다. 지방맛은 단맛, 짠맛, 쓴맛, 신맛, 감칠맛에 이어 인정받은 여섯 번째 맛이다.

식감이 다르니까!
눅눅한 감자튀김은 인기가 없듯, 식감이 주는 맛 차이가 있다. 삶은 감자가 '겉바속촉'이 된다면, 인기가 더 많아질지도?

편식이란?
엄마한테 혼나는 일.

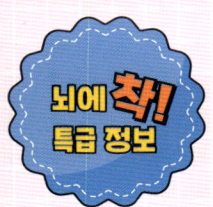

맛을 느끼는 여러가지 기관

사람의 혀는 수천 가지의 맛을 느낄 수 있어요. 하지만 혀만 맛을 느끼는 것은 아니에요. 다른 기관도 맛을 느끼는 데 영향을 미친답니다.

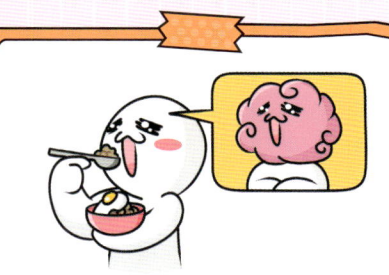

머리(기분)

주변 환경과 기분도
맛을 느끼는 데 영향을 미쳐요.
행복하고 기분 좋으면
맛이 더 좋게 느껴질걸요?

눈(모양)

'보기 좋은 떡이 먹기도 좋다.'는
속담처럼, 음식 색깔이나
모양이 예쁘면
더 맛있게 느껴져요.

코(냄새)

냄새는 맛을 느끼는 데
매우 중요해요. 냄새를
못 맡으면, 아무 맛도
못 느끼기도 해요.

이(식감)

쫄깃쫄깃, 물컹물컹~
음식을 먹거나 씹을 때
느껴지는 식감도 맛에
영향을 미쳐요.

맛을 느껴 보자!

맛을 느끼는 다양한 기관들에 대해 배웠으니, 그 기관들이 맛에 얼마나 큰 영향을 미치는지 아빠와 실험해 보았다.

과일샐러드 vs 과일주스
식감 차이

눈 가리고 먹기
시각 차이

샐러드로 먹을 때는 각 재료의 맛이 더 잘 느껴지는데, 주스로 마시니까 맛이 섞여 좀 연해진 느낌이라고 한다. 싫어하는 건 좋아하는 거랑 같이 갈아 먹는 것도 방법일 것 같다.

눈을 가렸지만 냄새를 맡아서 실험 실패! 고양이가 자기 밥을 다른 사람이 먹는 걸 싫어해서 울어 댄 것도 실험이 실패한 이유 같다.

모든 실험은 엄마의 허락 아래 진행하였습니다. 여러분도 실험할 때 꼭 어른과 함께하세요!

코 막고 먹기
후각 차이

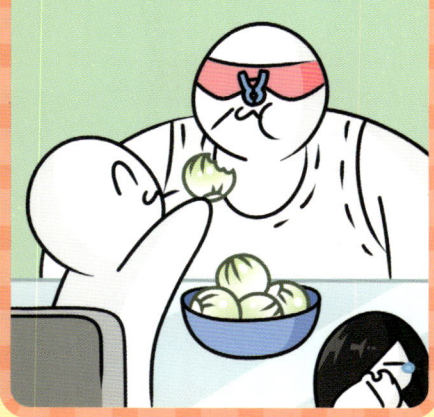

양파를 먹으면 입에서 매운 냄새가 엄청 난다!

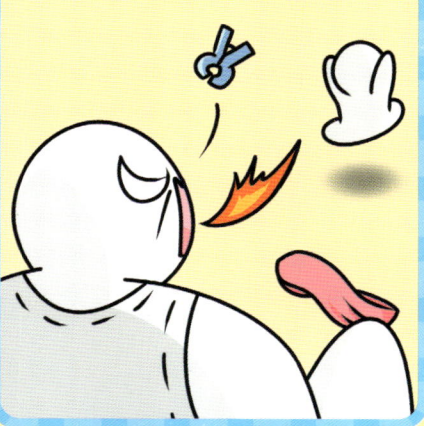

사과를 보여 드린 다음, 눈을 가리고 코도 막은 뒤에 양파를 드렸다. 아삭거리는 식감이 비슷해서인지, 별다른 반응 없이 양파를 맛있게 드셨다.

계속 양파를 드리니까, 나중에 목에서 쓴맛 같은 매운맛이 올라와서 알아차리셨다. 혼나는 동안, 아빠 입에서 양파 냄새가 진동했다!

모기의 습격

모기

모깃과의 곤충을 한데 묶어 가리키는 말.

 모기에 물려서 가려운 이유가 모기 침 때문이라고?!

모기에 물리면 피부가 빨갛게 부어오르며 가렵다. 그 이유는 바로 모기의 침이 몸속에 침투했기 때문! 우리 몸은 모기 침 안의 물질을 균으로 인식해 히스타민을 내보내는데, 이 히스타민 때문에 피부가 빨개지고 가려워진다.
모기에 물렸는데 약이 없을 때는 얼음찜질을 하는 게 좋다.

모기는 어떻게 깜깜한 데서 사람을 찾는 걸까?

사람이 호흡할 때 내뿜는 이산화탄소와 냄새를 모기가 좋아하기 때문이다. 그래서 주로 입과 코가 있는 얼굴 주변에서 모기가 앵앵 소리를 내며 맴도는 것. 모기는 시력은 나쁘지만, 10~20m 밖에서도 냄새를 맡고 달려들 정도로 후각이 뛰어나다.

사람 냄새!

CO_2

쿨쿨~

소맥의 한마디

모기란?
나를 좋아하지만, 나는 안 좋아하는 것!

왜애애앵~

모기는 이런 사람을 좋아해~

모기는 모든 사람을 공평하게 좋아할까요? 아니에요~ 놀랍게도 모기가 특별히 좋아하는 사람이 따로 있답니다.

냄새나는 사람을 좋아해요

모기는 땀 냄새, 발냄새, 화장품이나 향수 냄새 등에 민감해요. 땀에서 나오는 젖산, 암모니아, 요산 등의 성분을 특히 좋아하지요.

어른보다는 어린이를 좋아해요

어린이는 어른보다 체온이 높고 활동량이 많아서, 땀도 많이 흘리고 이산화탄소를 배출하는 호흡량도 많기 때문이에요.

모기가 좋아하는 색깔을 입은 사람

실험해 보니, 모기는 빨간색과 검은색을 좋아해요. 녹색, 파란색, 보라색은 별로 좋아하지 않는대요. 이유는 과학자들도 몰라요~

고양이의 은밀한 사생활

흔적

무엇이 지나갔거나 사라진 뒤 남은 자국. 또는 남긴 표시.

 똥도 아주 중요한 흔적이야!

동물의 똥은 다양한 정보를 주는 아주 중요한 흔적이다. 그래서 옛날 똥만 모아 놓은 박물관이 있을 정도다. 수집가 조지 프랜슨은 공룡 같은 고생물의 배설물 화석 약 1,277개를 모아, 미국 애리조나주에 박물관 푸지엄(Poozeum)을 열었다. 영어로 똥이 'poo'니까, 우리말로 하면 '똥물관'쯤 되겠다. 여기엔 기네스북에 오른 육식 동물의 가장 큰 배설물도 있는데, 길이가 무려 67.5cm, 너비는 최대 15.7cm라고 한다.

1200년 전 인간의 똥 화석도 전시 중!

1972년 영국에서 로이드 은행이 지점을 건설하다가 엄청난 화석을 발견했다. 바로 길이 20cm, 굵기 약 5cm의 인간 똥 화석! 연구 결과, 1200년 전 바이킹의 것으로 밝혀졌다. 화석 주인은 주로 빵과 고기를 먹었다고~ 현재 요르빅 바이킹 센터에서 전시 중이며, 인간 똥 화석 중 가장 크다.

소맥의 한마디

흔적이란?
아무리 숨기려 해도 어쨌든 남는 것.

재미있는 화석 이야기

화석은 아주 오래 전에 살았던 동물이나 식물의 몸체 또는 생활한 흔적이 남아 보존된 것을 말해요. 오랜 역사를 지닌 만큼 화석과 관련된 신기한 이야기도 많답니다.

보석이 된 화석, 호박

누런색 보석인 호박은 소나무나 잣나무에서 나오는 송진이 수천만 년 동안 땅속에서 굳어 만들어졌어요. 호박 속에 공기 방울이나 곤충, 게 같은 작은 생물이 들어 있기도 한데, 그런 것을 '호박 화석'이라고 해요. 호박 화석은 곤충이 잘 보일수록 비싼 가격에 거래되어요.

히말라야산맥에서 발견되는 조개 화석

세상에서 가장 높은 에베레스트산이 있는 히말라야산맥! 여기에서 조개나 물고기 화석이 많이 발견된다는 사실을 알고 있나요? 어떻게 된 일이냐고요?
옛날에는 히말라야산맥이 바다였기 때문이에요. 이렇듯 화석을 관찰하면, 그 지역이 예전에 어떤 환경이었는지 알 수 있어요.

선 따라 그리기

선을 따라 그려 보면, 소맥이가 어떤 모습인지 알 수 있어요.
순서대로 점을 이어 보세요.

정답은 134쪽에

고양이가 숨기고 있는 숫자는?

★ 정답은 134쪽에

다육이와의 첫 만남

소맥 특 사전

햇빛

해에서 비치는 빛. 햇빛이 정면으로 곧게 비치는 건 직사광선이라고 함.

🔵 식물이 빛을 싫어할 때도 있다고?

물론이다. 강한 직사광선에 오래 노출되면, 식물이 시들기도 한다. 또 식물도 밤에는 어두운 곳에서 편안히 쉬어야 하는데, 인공조명 때문에 밤새 환한 환경에 놓이면 성장에 방해를 받는다. 실제로 인공조명 때문에 농작물이 충분히 자라지 못해 수확량이 줄거나, 가로수나 꽃나무의 잎이 줄고 수명이 짧아진 적이 있다.
이처럼 인공조명이 너무 밝아서 환경에 피해를 주는 것을 '빛 공해'라고 한다.

동물들에게도 영향을 주는 빛 공해

바다거북과 철새들이 방향을 잃어버린다.

야행성 동물들이 활동을 제대로 못 한다.

소맥의 한마디

햇빛이란?
다육이가 좋아하긴 하지만, 적당히 줘야 하는 것.

다육이, 너에 대해 샅샅이 알려 주마!

귀시니는 다육이에 대해 궁금증이 생겼어요.
그래서 열심히 관찰하고 조사해 보았어요.

물은 흙이 축축이 젖을 정도로, 10일에 1번 정도 준다.
(겨울에만 한 달에 1번)

햇빛이 있으면, 물과 이산화탄소를 재료로 스스로 영양분을 만든다. 밥값이 안 든다!

뿌리가 젖어 있으면 썩는다. 반드시 물이 잘 빠지는 구멍 있는 화분에 심을 것!

잎이 반질반질한 이유는 왁스 성분 때문. 통통한 잎 속에는 물이 보관되어 있다.

형광등이 아닌 햇빛이 하루 3~4시간 정도 필요하다. 햇빛이 강한 여름엔 망사를 씌워 준다.

누나와 수영장에 가면…

물속에서 나아가기 위해
팔다리를 움직이는 스포츠나 놀이.

수영장에서 나는 이상한 냄새의 정체는?

수영장에서는 수영장만의 독특한 냄새가 난다. 바로 수영장 물을 깨끗하게 만드는 소독약인 염소가 물에 녹아 있기 때문. 염소는 물에 용해되면 '차아염소산'을 만드는데, 이것이 세균이나 바이러스를 없애는 역할을 한다.
하지만 수영장 물에서 지독한 냄새를 풍기는 범인은 사실 염소가 아니다. 땀이나 소변이 염소를 만나 생기는 물질이 진짜 원인이다. 이 물질이 많으면 많을수록 냄새가 지독해진다!

수돗물에서도 소독약 냄새가?

우리가 수돗물을 쓰기 위해서는 여러 가지 불순물을 거르는 과정이 필요하다. 특히 세균이나 바이러스 등이 남아 있지 않도록 염소로 소독하느라 냄새가 나는 것! 그럼 이 냄새는 어떻게 없앨까? 수돗물을 미리 받아 두거나 끓여 마시면 된다.

소맥의 한마디

수영이란?
누나랑 같이 하면 안 되는 것.

수영장에선 소맥이처럼~

수영장에서는 모두가 안전하고 즐겁게 수영을 즐기도록 꼭 지켜야 할 안전 수칙이 있어요. 소맥이는 수영은 좀 서툴러도 안전 수칙은 아주 잘 지켜요!

수영장에 들어가기 전에는 몸을 깨끗이 씻어요.

물속에서 장난치거나 다른 사람을 방해하지 않아요.

물속에서 코를 풀거나 침을 뱉지 않아요. 당연히 소변은 절대 금지!

수영장 안에선 뛰지 말고 천천히 걸어 다녀요. 미끄러워서 아주 위험하답니다!

같은 모습 짝짓기

아래 다육이의 모습들 중에서 같은 모습끼리 짝지어 보세요.

☆ 정답은 134쪽에

소맥이네 즐거운 물놀이

소맥이네 식구들이 물놀이를 가서 즐거운 시간을 보냈어요. 그림 속 빠진 퍼즐을 알맞은 자리에 끼워서 즐거웠던 장면을 완성해 주세요.

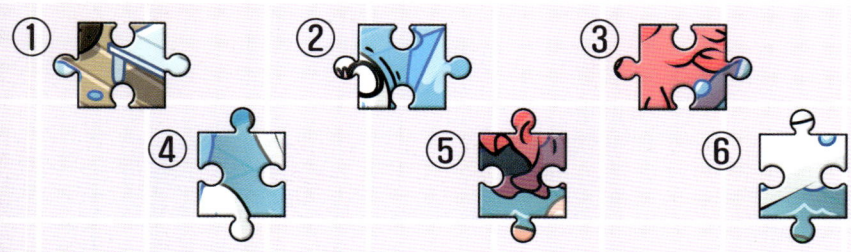

🌟 정답은 134쪽에

아빠는 연날리기 고수

연날리기
연을 하늘에 높이 띄우는 행위나 놀이.

연날리기로 전쟁에서 이겼다고?

우리나라 최초의 연날리기 기록은 <삼국사기>에서 찾아볼 수 있다. 신라 선덕 여왕 말기, 여왕을 반대하는 반란군이 존재할 때였다. 나라가 불안한 시기에, 신라의 도성인 월성 쪽으로 별똥별이 떨어졌다.

분위기가 좋지 않자, 김유신 장군이 꾀를 냈다. 연을 만들어 허수아비를 매단 다음 불을 붙이고는….

밤하늘로 높이 날린 것!

그걸 본 사람들은 불타는 연을 별이라고 깜빡 속았다. 결국 김유신 장군은 반란군을 물리치고 승리했다.

연날리기란?
숨겨 왔던 아빠의 특기.

아빠의 연날리기 비법 공개

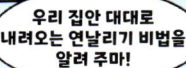
우리 집안 대대로 내려오는 연날리기 비법을 알려 주마!

너에게 알맞은 연을 골라라!
다이아몬드나 가오리 모양이 가장 안정적으로 날아. 또 너무 크거나 작으면, 조종이 어렵단다.

좌우 균형 확인은 꼼꼼히~

연의 균형을 확인해라!
조립 방법은 연마다 다르지만, 좌우 균형을 잘 맞추는 게 매우 중요해. 그래야 연이 기울지 않고 잘 날 수 있다고.

풀을 던져서 날아가는 방향이 바로 바람의 방향!

연날리기의 핵심은 바람의 방향!
바람이 불어오는 방향을 등지고 서서 연을 날려야 해. 연날리기에는 바람이 일정하게 부는 날이 좋아.

줄을 너무 빨리 풀면, 연을 조종하기 어려워!

연줄은 살살 풀어라!
연줄을 천천히 풀면, 연이 바람을 타고 슬슬 올라갈 거야. 그럼 연과 내가 팽팽하도록 얼레에서 연줄을 조금씩 풀어.

 할머니 톡

할머니의 봄은 너무 바빠!

봄

일 년 사계절 중에서 첫 번째 계절로, 주로 3~5월에 해당하는 시기.

🤔 봄에 먹는 특별한 음식?

봄에 먹는 특별한 음식 중에 화전이라는 것이 있다. 화전은 찹쌀가루 반죽에 꽃을 올려 기름에 지진 떡이다. 요즘에는 잘 먹지 않지만, 예전에는 진달래, 배꽃 등 꽃잎으로 만든 화전을 많이 해 먹었다. 그리고 음력 3월 3일에 '화전놀이'라는 여자들만의 동네 축제를 즐겼다. 경치 좋은 곳에서 꽃구경을 하며 화전, 떡, 국수 등을 나눠 먹고 춤과 노래를 즐긴 것이다. 삼국 시대 때부터 기록이 있을 정도로 오래된 풍습이다.

 먹어도 되는 진달래와 먹으면 절대 안 되는 철쭉 구별법

- 꽃만 먼저 핀다.
- 꽃잎에 반점이 없거나 옅다.
- 꽃받침이 없거나 작다.

- 꽃과 잎이 같이 핀다.
- 꽃잎에 반점이 진하다.
- 꽃받침이 눈에 띈다.

진달래 / 철쭉

소맥의 한마디

봄이란?
할머니가 신나는 계절.

할머니의 일 년은 바쁘다~ 바빠!

시골에서 농사짓는 할머니의 사계절은 어떤지 궁금한가요?
그럼 같이 소맥이네 할머니의 생활 속으로 들어가 볼까요?

논에서 모내기를 해요.

한 해 농사를 시작하느라 할 일이 무척 많아요. 특히 벼농사를 위해 모 심을 때가 가장 바빠요.

밭일이 많아요.

농작물이 쑥쑥 자라는 시기라 밭일이 많아요. 잡초도 뽑고, 여름 채소와 과일도 거둬요.

| 봄 | 여름 |
| 가을 | 겨울 |

가을은 추수의 계절!

벼, 콩, 수수 등 곡식을 거두고, 또 김장할 배추와 무도 뽑고, 감과 사과 등 과일도 따요.

내년을 준비해요.

내년 농사 때 심을 좋은 씨앗을 골라서 준비하고, 내년을 위해 잘 쉬어요.

누구의 연일까?

연의 주인이 누구인지, 선을 따라가 보세요!

🌟 정답은 135쪽에

할머니네 창고 스도쿠

시골 할머니 댁에 가면, 창고에 수확한 농작물과 살림살이가 각각 같은 개수로 차곡차곡 잘 정리되어 있어요. 가로와 세로 그리고 푸른 선으로 나눠진 구역 안에 사물이 각각 하나씩 들어가게 해 주세요.

정답은 135쪽에

숫자 4는 왠지 께름칙해!

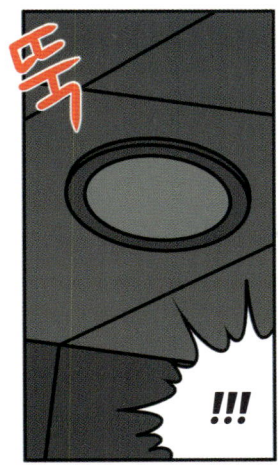

미신

과학적이거나 합리적인 근거가 없는 것을 믿음.

숫자 4가 왜 무서울까?

한자 문화권에서는 숫자 4를 싫어하거나 무서워한다. 한자 '넉 사(四)'가 '죽을 사(死)'와 발음이 같기 때문이다. 한편, 서양에서는 숫자 13을 무서워한다. 성경이나 북유럽 신화 등 옛날이야기에 13번째 등장하는 사람이 나쁜 존재인 경우가 많았기 때문이다. 이런 이유로 지금도 고층 빌딩에 13층이 없거나, 병원에 13호 병실이 없는 경우가 많다.

숫자 4가 좋을 때도 있다!

고대 그리스에서는 4를 사물의 근본이자 중심이 되는 조화로운 숫자로 여겼다. 사실 숫자 4는 우리 생활과 밀접한 관련이 있다. 동서남북 방향도 넷이고, 1년은 4계절이다. 또 매우 훌륭한 위인을 '4대 성인'으로 꼽을 만큼 좋은 의미로도 많이 쓴다. 심지어 네잎클로버는 '행운'을 상징한다!

소맥의 한마디

미신이란?
믿으면 신경 쓰이는데, 안 믿으면 괜찮은 것.

행운의 숫자를 당신에게~

사람들이 싫어하는 숫자와 반대로 좋아하는 숫자는 무엇일까요?
같이 한번 알아보아요!

서양 문화권에서 숫자 7은 행운을 상징해 '럭키 세븐'으로 불린다. 하늘의 완전함을 뜻하는 숫자 3과 땅의 완전함을 뜻하는 숫자 4를 합하면 7이니까!

베이징 올림픽의 개막식은 2008년 8월 8일 오후 8시에 열렸다.

중국에서 8이 행운의 숫자가 된 이유는 '돈을 번다'는 뜻의 '파차이(发财)'와 발음이 비슷하기 때문이다. 그래서 8을 '돈 버는 행운의 숫자'라고 여겨 좋아한다.

동서양을 떠나 숫자 3은 완전함, 조화, 안정 등을 상징하는 좋은 숫자로 여겨진다.
우리나라도 숫자 3을 좋아해서, 속담에 3이 들어간 것이 많다.

서당 개 **삼** 년이면 풍월을 읊는다.

세 살 버릇 여든까지 간다.

셋이 먹다가 둘이 죽어도 모를 맛이다.

머리카락

머리털의 가닥가닥.

머리카락이 죽은 세포라고? 계속 자라는데?!

머리카락은 죽은 세포들이 모인 것이다. 하지만 잡아당기면 아프다. 왜일까? 그건 바로 머리카락의 뿌리인 모낭은 살아 있기 때문이다. 이 모낭 안에서 만들어진 새로운 세포가 죽은 세포를 밀어 내며, 머리카락이 자라는 것처럼 보이게 한다. 그러니까 머리카락 싸움을 하면서 머리카락이 아플 거라는 걱정은 필요 없다.

머리카락은 고양이 털이랑 다를까?

머리카락은 매우 얇지만, 3개의 층으로 이루어져 있다. 가장 바깥에는 '모소피'라는 층으로 둘러싸여 있는데, 이 무늬를 확대해서 보면 머리카락의 주인을 알 수 있다. 동물도 종마다 이 무늬가 달라 털을 확대해 보면 누구의 털인지 알 수 있다.

소맥의 한마디

머리카락이란?
아빠랑 내가 부러워하는 것.

역사 속 특이한 헤어스타일

거대한 소뿔 모양 장식

중국 소수 민족인 묘족의 여자는 전통적으로 2.5~3kg나 되는 무거운 머리 장식을 했어요. 장식에 쓰인 머리는 가짜 머리예요.

 밀가루 가발 쓰기

근대 유럽 귀족들은 권위의 상징으로 가발을 많이 썼어요. 위생 때문에 가발에 밀가루를 뿌렸는데, 하얀 머리가 품위 있어 보인다고 유행이 되었어요.

머리 밀고 상투 틀기

중세 일본 귀족 남자들은 머리를 깎고 상투를 틀었어요. 사무라이들이 투구를 쓸 때 더워서 그랬다는데, 머리털을 민 게 아니라 뽑았다는 이야기가 있어요.

머리털을 뽑았다니 너무 아팠겠다!!

소맥이네 힘겨루기

힘을 겨루는 다양한 방법들이 있다는 것을 알고, 식구들에게 도전해 보았다. 물론 엄마 아빠와는 겨룰 필요도 없고 결과도 뻔하니, 두 분께 심판을 봐 달라고 했다. 나는 얼마나 강할까?

등 밀기

← 눌리는 쪽이 패배

허리와 다리 힘의 대결!

누나 등이 이렇게 넓고 듬직한지 몰랐다. 절대 누나한테 덤비지 말아야겠다. 심부름도 잘해야지.

발가락 싸움

발가락을 건 상태로 먼저 넘기는 쪽이 이긴다!

발가락 힘과 유연성을 보는 대결!

고양이 다리의 힘이 얼마나 센지는 냥냥 펀치에 종종 맞아 봐서 잘 안다. 하지만 고양이는 발가락이 짧으니까 내가 이길 줄 알았는데 결과가 아쉽다.

엄마 아빠가 심판을 봐 주기로 하셨어요.
두 분 모두 시합에서 가장 중요한 것은
안전이라고 강조하셨답니다.
여러분도 꼭 기억하세요!

탁구공 불기

훌라후프 줄다리기

폐활량을 알아보는 대결!

귀시니가 왔다 갔다 할 때마다
찬바람이 부는 이유가 있었던 걸까?
바람 세기가 예상했던 것보다
엄청 강했다!

온몸의 힘을 알아보는 대결!

내가 설마 바선생한테까지 질 줄은
정말정말 꿈에도 몰랐는데….
내일부터 당장 운동 시작한다!!!

누나와 나는 어떤 사이?

가족

부부를 중심으로 친족 관계에 있는 사람들의 집단.

우리는 가족일까? 식구일까?

가족과 식구는 비슷하면서도 조금 다르다. 가족은 부부가 중심! 아이를 낳거나 입양하면 가족이 늘어난다. 그 아이들이 어른이 되어서 또 가족을 이루면, 서로 친척이 된다. 이렇게 가까운 친척까지 포함한 친족이 바로 가족이다.

식구는 '먹을 식(食)', '입 구(口)'로 쓴다. 따라서 친족 관계가 아니더라도, 한집에 살면서 같이 밥 먹고 사는 사람들을 뜻한다. 소맥이네 가족은 할머니, 아빠, 엄마, 누나, 소맥이 다섯이지만, 소맥이네 식구는 더 많다. 고양이랑 귀시니랑 바선생이랑 다육이도 있으니까. (아차, 사람은 아니구나?!)

Family라는 영어 단어가 다음 단어들의 첫 글자로 만들어졌다는 이야기가 있습니다.

Father
And
Mother
I **L**ove
You

그럴듯하지만 가짜!

소맥의 한마디

가족이란?

뗄래야 뗄 수 없는 것.

가족과 관련된 속담

다음은 화목한 가정을 보여 주는 속담들이에요. 그림 힌트를 보고 알맞은 글자를 빈칸에 써 보세요.

1

🦔 도 제 새끼가 제일 곱다고 한다.

☐ ☐ ☐ ☐

2

🐤 도 제 보금자리를 사랑한다.

☐

3

효성이 지극하면 돌 위에 🌸 이 핀다.

☐

4

자식이 부모 ❤️ 절반만 해도 효자다.

☐ ☐

☆ 정답 1. 고슴도치 2. 새 3. 꽃 4. 사랑

절약하지 않는 자의 최후

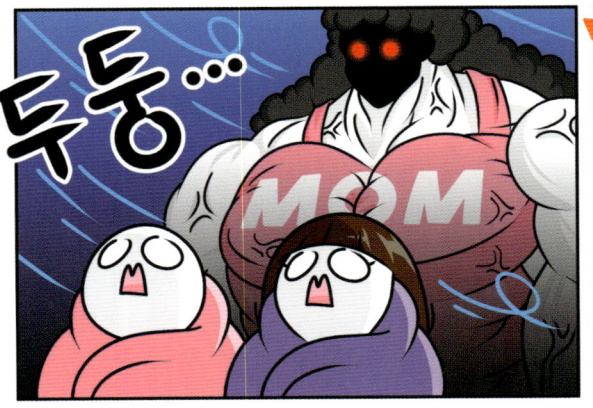

소맥특사전 절약
물건을 마구 쓰지 않고 아껴서 씀.

 지구에는 물이 땅보다 많아 보이는데, 왜 물을 아껴 써야 할까?

약 1.76% 빙하
약 0.77% 지하수, 강과 호수 등
약 97.47% 바닷물

지구 표면의 약 70%는 물이지만, 그건 대부분 바다! 바닷물은 지구상의 물 중에서 거의 97.5%나 차지하지만, 짜서 사람이 마시거나 생활에 쓸 수 없다. 나머지 약 2.5%가 *민물인데, 1.7% 이상이 빙하와 만년설로 존재해 역시 사용하기 어렵다. 즉, 인간이 쓸 수 있는 지하수, 강과 호수 등은 지구상의 모든 물 중에서 1%도 채 되지 않는다!

사용할 수 있는 물은 1% 미만!

*민물 호수나 강처럼 소금기가 없는 물. 단물 또는 담수라고도 한다.

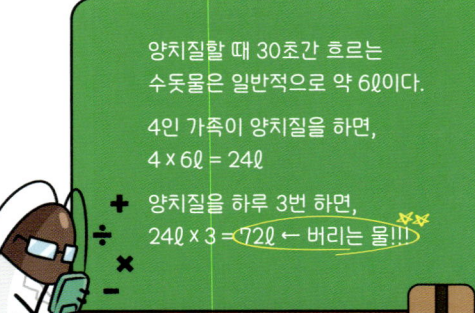

양치질할 때 30초간 흐르는 수돗물은 일반적으로 약 6ℓ이다.

4인 가족이 양치질을 하면,
4 × 6ℓ = 24ℓ

양치질을 하루 3번 하면,
24ℓ × 3 = 72ℓ ← 버리는 물!!!

소맥의 한마디

절약이란?
엄마한테 혼나지 않더라도 꼭 해야 하는 것.

소맥이네 절약왕은 누구?

소중한 지구를 아끼기 위해 소맥이네 식구들이 모두 절약에 힘쓰기로 했어요. 어떻게 절약하는지 보고 배워 볼까요?

전기를 아끼는 다육이
다육이는 전등을 켜는 대신, 햇볕이 들어오게 커튼을 활짝 열어요.

냉장고 문을 빨리 여닫는 소맥이
소맥이는 냉장고 문을 열기 전에 무엇을 꺼낼지 먼저 고민해요.

물 낭비가 없는 엄마
엄마는 양치질할 때 물컵을 쓰고, 비누칠할 때도 수도꼭지를 꼭 잠그죠!

참을성이 있는 귀시니
귀시니는 조금 덥다고 곧바로 에어컨을 켜지 않아요.

뇌가 팡! 특급 놀이터

소맥이 특사전 십자말풀이

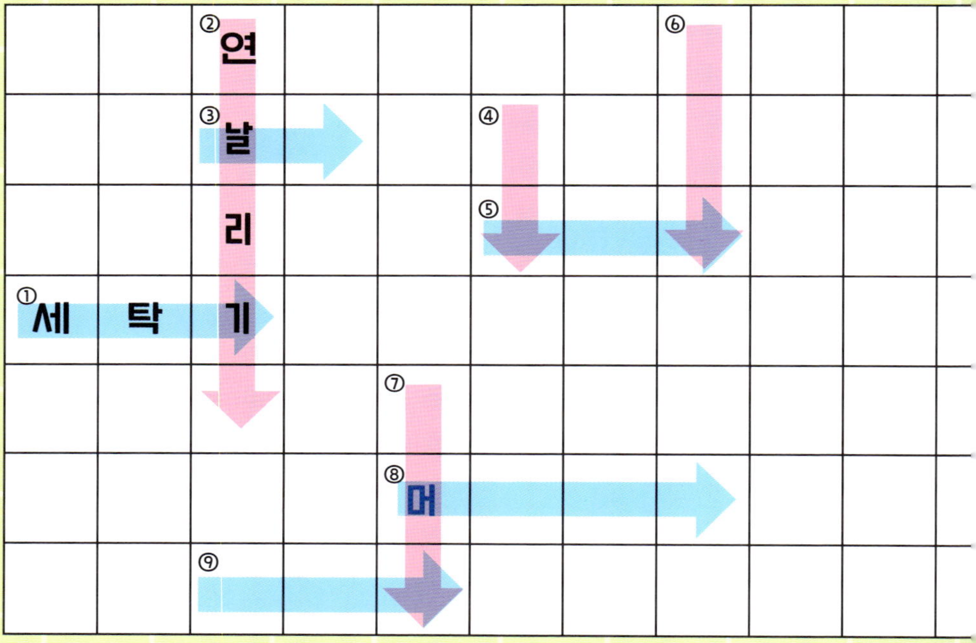

가로

① 빨랫감을 넣고 돌리면 깨끗해지는 기계.
③ 눈과 비, 구름, 바람, 덥고 추움 등의 상태.
⑤ 날카로운 이와 발톱을 지닌 고양잇과의 하나. 반려동물로 인기가 많다.
⑧ 머리털의 가닥가닥.
⑨ 아버지의 어머니.
⑪ 뼈를 둘러싼 힘줄과 살을 통틀어 이르는 것.
⑫ 귀, 코, 목 등을 전문적으로 치료하는 병원.
⑭ 동식물의 유해 또는 흔적 따위가 지층에 남아 있는 것.
⑯ 납작한 몸에 가늘고 긴 더듬이가 있는 바퀴과 곤충.

그동안 소맥이와 함께 배운 내용을 떠올리며,
아래 빈칸을 채워 보세요.

	⑩						⑮	
⑪	육					⑭ 화		
	⑫	⑬ 비						
				⑯		⑰ 벌		

세로

② 연을 하늘에 높이 띄우는 행위나 놀이.
④ 뜻밖에 일어난 불행한 일.
⑥ 자면서 코를 고는 일.
⑦ 엄마를 더 예의 바르게 부르는 말.
⑩ 소맥이네 반려 식물 이름.
⑬ 보안을 위해 정해 놓은 것으로, 현관문을 열거나 휴대폰을 켤 때 이것을 누른다.
⑮ 단단하고 아름다운 광물. 이것으로 액세서리를 만든다.
⑰ 법을 어긴 행위에 대해 벌을 주는 규칙.

☆ 정답은 135쪽에

부스러기는 바선생의 몫

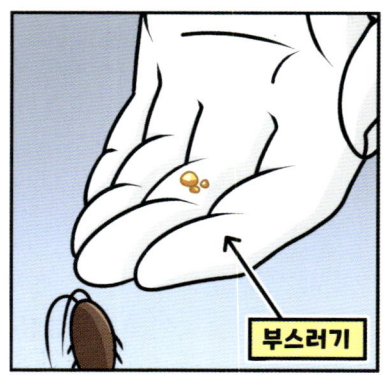

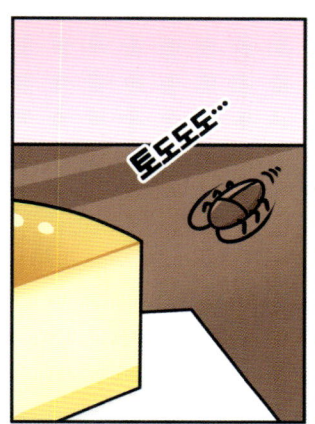

몫

여럿으로 나누었을 때 각각 갖는 부분.

🍰 동그란 케이크를 공평하게 나누는 법

둘이 먹을 때

케이크의 중심이 지나가게 반으로 자른다.

넷이 먹을 때

케이크의 중심이 지나가게 반으로 두 번 자른다.

여덟이 먹을 때

케이크의 중심이 지나가게 아래 선을 따라 자른다. 순서는 상관없다.

소맥의 한마디

몫이란?
공평하게 나눠야 하는 것!

케이크 깔끔하게 자르는 법

크림이 많은 케이크는 차가워야 깨끗하게 잘려요. 자르기 전, 냉장고에 30분 이상 보관하세요.

이런 방법들도 모두 효과가 좋아요.
- 치실로 자르기.
- 칼을 따뜻하게 데워서 자르기.
- 단 한 번에 자르기.

 남은 케이크 보관하는 법

밀폐 용기 뚜껑에 케이크를 올려요. 그다음 용기를 뒤집어서 케이크를 덮으면, 깔끔!

케이크가 남다니 그런 일이 있을 수가!!

다육이의 고향

사막
강수량이 적어서 생물이 살아가기 어려운 곳.

남극도 사막이라고?

사막은 강수량이 매우 적은 곳이지만, 그렇다고 해서 뜨거운 햇볕이 내리쬐는 메마른 땅이라고만 생각하면 착각이다.
남극도 사막이기 때문. 남극 중심부는 사하라 사막만큼 가물다. 또 남극처럼 눈과 얼음으로 뒤덮인 북극권의 그린란드도 사막이다.

여기가 사막이라고?

다양한 사막 환경

모래사막 말고도 다양한 사막이 있네!

암석 사막
공사장처럼 흙과 바위로 덮인 사막.

영구 빙설 사막
남극 대륙과 그린란드처럼 얼음으로 덮인 사막.

소금 사막
모래가 아니라 소금으로 뒤덮인 사막. 옛날에 바다였다고 한다.

 소맥의 한마디
사막이란?
다욱이랑 가 보고 싶은 곳.

사막에서 살아가는 생물들

뇌에 착! 특급 정보

동식물 모두 살아남기 어려운 곳, 사막! 하지만 이 극한 환경에서도 씩씩하게 살아가는 생물들이 있어요.

반갑다냥!

도깨비도마뱀

사막에 사는 동물 중에 내가 제일 특이하게 생겼을걸? 난 끈적거리는 혀로 개미들을 먹고 살아.

모래고양이

난 발이 두터운 털로 싸여 있어 뜨거운 모래 위를 잘 걸어 다녀.

사막거북

난 굴을 깊게 파고, 거의 평생을 그 속에서 지내. 그게 내가 사막에서도 오래 사는 비법이야.

사막전갈

먹이가 드문 사막에서 어떻게 살아남냐고? 난 수개월 동안 안 먹고도 버틸 수 있어.

사하라사막개미

나는 50도 이상의 온도에서도 살아가. 대신 말라 죽지 않으려고 계속 움직이지.

방울뱀

내가 몸을 S자로 구부려서 기어가는 이유는, 뜨거운 모래에 닿는 걸 최소한으로 줄이기 위해서야.

같은 식물이야!

회전초

난 쓰레기가 아니야. 회전초라고! 모래바람에 이리저리 굴러다니다가 물이 있는 곳에서 다시 뿌리를 내리지.

복제
본래의 모습과 똑같이 만든 것.

나와 똑같은 사람을 복제할 수 있을까?

결론부터 말하자면, 완전히 똑같은 사람을 복제하는 것은 현재 기술로 불가능하다. 대신 성공한 동물 복제 실험을 바탕으로, 유전적으로 같은 생명체를 만드는 방법을 소맥이를 예로 들어 간단히 설명해 보겠다.

1단계 소맥이의 체세포를 채취한다. 체세포에는 소맥이에 대한 모든 정보가 담긴 핵(DNA)이 있다.

2단계 여자의 난자에서 원래 있던 핵을 빼고 대신 소맥이의 핵을 넣은 다음, 전기 자극을 준다.

3단계 그 상태로 키우면, 소맥이와 똑같은 유전자를 지닌 복제 소맥이가 태어난다!

하지만 복제 소맥이는 겉모습만 같을 뿐, 기억이나 성격까지 완전히 똑같을 수는 없다.

소맥이 1, 소맥이 2, 소맥이 3, 소맥이 4

인간 복제는 뭐든지 불법!

2005년 국제 연합(UN)에서 모든 국가들이 인간을 복제하는 연구나 실험을 금지하는 데 동의했다. 우리나라도 '생명윤리 및 안전에 관한 법률'로 인간 복제를 금지하고 있다!

소맥의 한마디

복제란?
좋은 것인지 나쁜 것인지 아직은 잘 모르는 것.

단 한 번도 복제된 적 없는 동물은?

아래는 그동안 인류가 복제에 성공한 동물들이에요. 딱 하나만 빼고요.
다음 중 복제된 적이 없는 동물은 무엇일까요?

개구리

생쥐

양

소

돼지

토끼

고양이

개

상어

말

원숭이

낙타

정답 유아

19쪽

28-29쪽

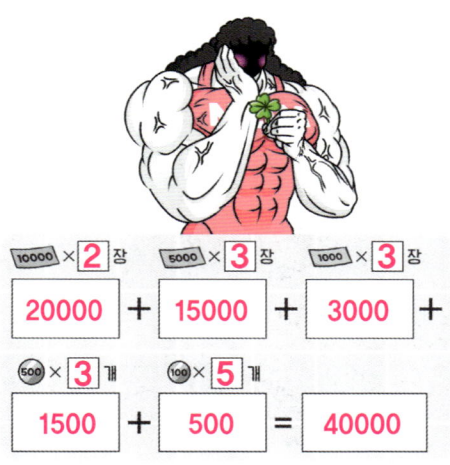

38-39쪽

58-59쪽

78-79쪽

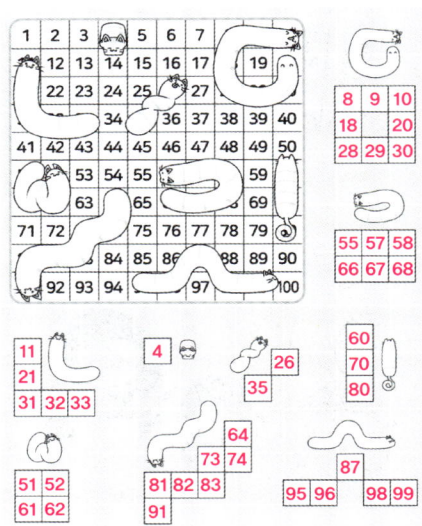

88-89쪽

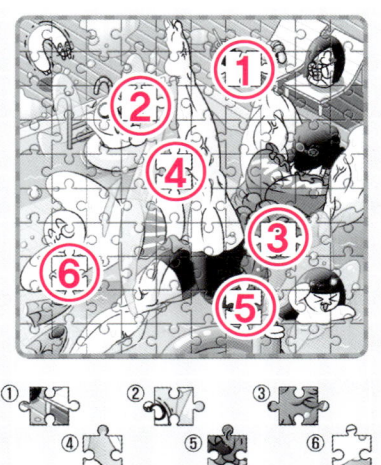

98-99쪽

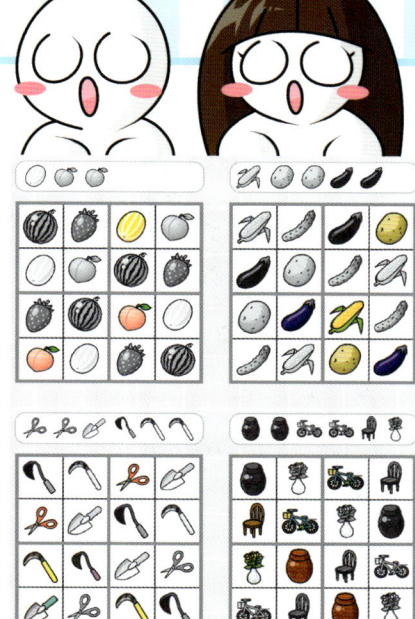

118-119쪽

	②연			④코					⑦다				⑨보	
	날	③씨	⑤사	골				⑥근	육				화	석
	리		고	양	이				아	⑧비	인	후	과	
①세	탁	기							밀					
			⑩어						번			⑪바	퀴	⑫벌	레
			머	리	카	락			호					칙	
			할	머	니										

사진 출처

126쪽
암석 사막, 영구 빙설 사막, 소금 사막_pxhere

127쪽
도깨비도마뱀(Bäras), 모래고양이(Payman sazesh),
사막거북(Tigerhawkvok), 사막전갈(Kmo5ap),
사하라사막개미(April Nobile), 방울뱀(Tigerhawkvok)
회전초(ImperfectTommy)_Wikimedia commons

1판 1쇄 인쇄 2025년 05월 14일
1판 1쇄 발행 2025년 05월 28일

원작 소맥거핀 | **글** 지유리 | **그림** 배유정 | **감수** 박한나

펴낸이 이필성, 차병곤
사업리드 김경림 | **책임편집** 김영주
기획개발 서동선, 윤지윤, 이주영, 이윤지
영업마케팅 오하나, 김민경, 서승아, 문유지 | **디자인** design S | **로고 디자인** 채향지
소맥거핀 매니지먼트 장지호, 이지민

펴낸곳 ㈜샌드박스네트워크 샌드박스스토리 키즈
등록 2019년 9월 24일 제2021-000012호
주소 서울특별시 용산구 서빙고로 17, 30층(한강로3가)
홈페이지 www.sandbox.co.kr
메일 sandboxstory@sandbox.co.kr
전화 02-6324-2292

ⓒ 소맥거핀. All Rights Reserved.

ISBN 979-11-92504-58-2 74030
ISBN 979-11-92504-57-5(세트)

* 샌드박스스토리 키즈는 ㈜샌드박스네트워크의 출판 브랜드입니다.
* 이 책은 저작권법에 의해 보호를 받는 저작물이므로 무단 전재와 복제를 금하며, 이 책 내용의 전부 또는 일부를 인용하려면 반드시 저작권자와 샌드박스스토리 키즈의 동의를 받아야 합니다.
* 잘못된 책은 구입한 곳에서 교환해 드립니다.

- 제조자명 : ㈜샌드박스네트워크
- 주소 : 서울특별시 용산구 서빙고로 17, 30층(한강로3가)
- 제조연월 : 2025년 5월
- 제조국명 : 대한민국
- 사용연령 : 3세 이상 어린이 제품